Chère Lima,

Voici un petit cadeau pour [illegible] amis (et Pablo) au Canada. F[illegible] devenue une vraie cheffe française (et amatrice de fromage).

Merci en tout cas pour ces super mois de coloc' en ta compagnie, merci pour ta gaité, ta bonne humeur à toutes épreuves et tes lessons de perreo (je vais mettre en pratique dès ce weekend en Italie). J'espère venir te rendre vite visite à Valencia (on croise les doigts). Cette fois on pourra mettre mes plus belles robes des Coquettes sur la plage.

Bon voyage, énormes bisous et à bientôt !

Laura

(désolé le format du livre était censé être plus petit, j'espère que cela va rentrer dans ta valise).

- Quiche spéciale de Laura :
  - 1 pâte brisé
  - Des dés de jambons
  - Créme fraîche
  - 4 oeufs
  - Sel, poivre
  - beaucoup de fromage !

J.-F. Mallet

SIMPLISSIME

QUICHES ET CAKES LES + FACILES DU MONDE

hachette
CUISINE

MODE D'EMPLOI

Pour ce livre, je pars du principe que vous avez chez vous :

- L'eau courante
- Un four
- Un moule à tarte
- Un moule à cake antiadhésif
- Un couteau bien aiguisé
- Un fouet
- Un saladier
- Une planche
- Une paire de ciseaux
- Et pour les plus courageux, 1 rouleau à pâtisserie, du papier cuisson et de l'huile de coude.

(Si ce n'est pas le cas c'est peut-être le moment d'investir !)

Les quiches et les cakes sont des recettes idéales pour les apéros et les pique-niques car on peut les préparer à l'avance, les couper en morceaux, les transporter dans des boîtes hermétiques et les déguster froids. Ce sont aussi des recettes parfaites pour les soirs de semaine car, accompagnées d'une salade, elles constituent un repas rapide et complet. On peut surtout les préparer le week-end pour les déguster dans la semaine une fois réchauffés 10 min au four à 180°C.
Enfin, c'est vraiment simplissime et ultra rapide à réaliser et, « cerise sur la quiche », sans vaisselle ou presque.

Quels ingrédients sont indispensables ?

- **Les fromages :** C'est l'ingrédient essentiel pour donner du moelleux, de la gourmandise et du goût aux quiches et aux cakes. Tous les choix sont permis : comté, cheddar, parmesan, raclette, reblochon, fourme, roquefort, chèvre... N'hésitez pas à jongler en fonction de vos goûts.
- **La crème :** J'ai utilisé de la crème liquide entière mais rien ne vous empêche d'utiliser de la crème épaisse, de la crème fleurette et même de la crème allégée.
- **La pâte :** Si vous choisissez une pâte toute faite, privilégiez-en une sans additif ou bio. Si vous préférez une pâte maison, la recette se trouve p. 92. C'est vraiment meilleur mais moins rapide et n'oubliez pas de rajouter 10 min de cuisson..

Quels gestes adopter ?

- **Couper avec des ciseaux :** Pour se simplifier la vie, couper avec des ciseaux les herbes, la roquette, les pousses d'épinards mais aussi les jambons et le saumon fumé.

Quels moules choisir ?

- Pour ce livre, j'ai préparé les quiches avec un moule à tarte de 27 cm de diamètre. Si vous utilisez un moule plus petit votre quiche va être un peu plus épaisse, il faudra donc la cuire quelques minutes de plus.

Pour les cakes, je les ai préparés dans un moule à cake antiadhésif de 24 cm de long. Si votre moule est plus petit il faudra peut-être partager la préparation en 2 et cuire en 2 fois. Si votre moule à cake n'est pas antiadhésif, il faudra bien le beurrer avant de verser la préparation. Dans tous les cas, il faut démouler les cakes pendant qu'ils sont encore chauds. Je vous déconseille les moules en silicone.

Il ne me reste plus qu'à vous souhaiter de très bons moments en cuisine et surtout à table.

SOMMAIRE

MINI-QUICHES COMTÉ, ESTRAGON

Pâte brisée
x 1

Œufs
x 3

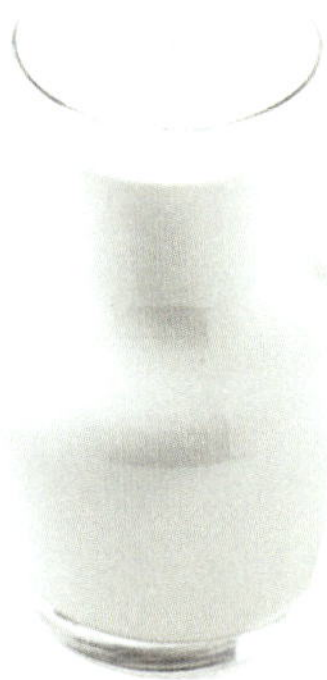

Crème liquide
20 cl

Estragon
1 botte

Comté râpé
150 g

: 4 à 6

Préparation : 10 min
Cuisson : 25 min

- Préchauffez le four à 180°C.
- Déroulez la **pâte brisée**. Découpez 8 grands ronds de **pâte** avec un emporte-pièce et tapissez 8 moules à muffins. Fouettez les **œufs** avec la **crème**, le **comté râpé** et l'**estragon** coupé aux ciseaux.
- Répartissez le mélange puis enfournez 25 min.

QUICHE AU MAROILLES

Pâte brisée
x 1

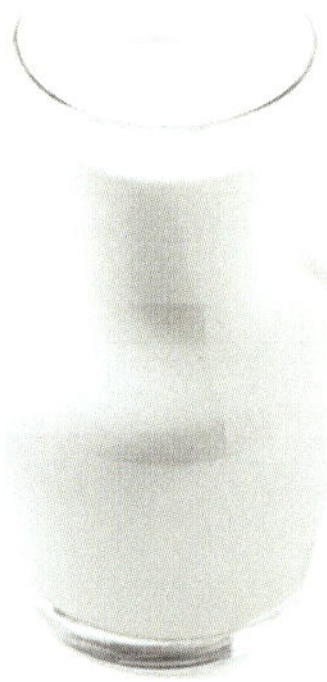

Crème liquide
30 cl

Maroilles
x 1 (380 g)

Œufs
x 3

Sel, poivre

: 4 à 6

Préparation : 5 min
Cuisson : 30 min

- Préchauffez le four à 180°C.
- Déroulez la **pâte brisée** avec le papier cuisson dans un moule à tarte.
- Fouettez les **œufs** avec la **crème**, salez, poivrez et versez la préparation sur la **pâte**.
- Ajoutez le **maroilles** découpé en morceaux et enfournez 30 min.

QUICHE CHÈVRE, ROQUETTE, COMTÉ

Pâte brisée
x 1

Roquette
200 g

Crottins de Chavignol
x 2

Œufs
x 3

Crème liquide
20 cl

Comté râpé
50 g

1 filet d'huile d'olive

: 4 à 6

Préparation : 10 min
Cuisson : 35 min

- Préchauffez le four à 180°C.
- Déroulez la **pâte brisée** avec le papier cuisson dans un moule à tarte. Fouettez les **œufs** avec la **crème**, le **comté** et la moitié de la **roquette** coupée aux ciseaux. Versez le mélange sur la **pâte**. Ajoutez les **crottins** coupés en 2 et enfournez 35 min. Dégustez avec le reste de **roquette** et 1 filet d'**huile d'olive**.

QUICHE AUX HERBES ET AUX PETITS POIS

Pâte brisée
x 1

Herbes mélangées
4 bottes

Œufs
x 3

Petits pois
250 g (frais ou surgelés)

Ricotta
250 g

Sel, poivre

: 4 à 6

Préparation : 5 min
Cuisson : 35 min

- Préchauffez le four à 180°C.
- Déroulez la **pâte brisée** avec le papier cuisson dans un moule à tarte. Fouettez les **œufs** avec la **ricotta**, ajoutez les **petits pois** et les **herbes** coupées aux ciseaux. Salez, poivrez.
- Versez le mélange sur la **pâte** et enfournez 35 min.

QUICHE POTIRON-GORGONZOLA

Pâte brisée
x 1

Potiron
400 g

Gorgonzola
150 g

Graines de courge
4 cuil. à soupe

Crème liquide
20 cl

Œufs
x 3

: 4 à 6

Préparation : 10 min
Cuisson : 45 min

- Préchauffez le four à 180°C.
- Découpez la chair du **potiron** en petits cubes.
- Déroulez la **pâte brisée** avec le papier cuisson dans un moule à tarte. Répartissez les cubes de **potiron** sur la **pâte**. Versez les **œufs** battus avec la **crème** et le **gorgonzola** en morceaux.
- Ajoutez les **graines de courge** et enfournez 45 min.

QUICHE COURGETTES, RICOTTA, BASILIC

Pâte brisée
x 1

Courgettes
x 2 (500 g)

Ricotta
250 g

Basilic
2 bottes

Œufs
x 3

Sel, poivre

: 4 à 6

Préparation : 10 min
Cuisson : 35 min

- Préchauffez le four à 180°C.
- Râpez les **courgettes** avec une râpe à main.
- Déroulez la **pâte brisée** avec le papier cuisson dans un moule à tarte. Fouettez les **œufs** avec la **ricotta**, les feuilles de **basilic** et les **courgettes** râpées. Salez, poivrez.
- Versez le mélange sur la **pâte** et enfournez 35 min.

QUICHE POISSON-TOMATES

Pâte brisée
x 1

Soupe de poissons
20 cl

Dos de cabillaud
x 2 (400 g)

Tomates cerise
x 10

Fromage râpé
150 g

Œufs
x 4

Poivre

: 4 à 6

Préparation : 10 min
Cuisson : 35 min

- Préchauffez le four à 180°C.
- Découpez le **cabillaud** en petits morceaux.
- Déroulez la **pâte brisée** avec le papier cuisson dans un moule à tarte. Répartissez le **poisson** sur la **pâte**. Versez les **œufs** battus avec la **soupe de poissons** et le **fromage râpé**.
- Ajoutez les **tomates cerise** coupées en 2, poivrez et enfournez 35 min.

QUICHE CREVETTES, COCO, GINGEMBRE

Pâte brisée
x 1

Safran
2 dosettes (poudre ou pistils)

Crevettes
x 25 (crues et décortiquées)

Œufs
x 4

Gingembre
50 g

Lait de coco
20 cl

Sel, poivre

: 4 à 6

Préparation : 10 min
Cuisson : 30 min

- Préchauffez le four à 180°C.
- Épluchez et râpez le **gingembre**.
- Déroulez la **pâte brisée** avec le papier cuisson dans un moule à tarte. Fouettez les **œufs** avec le **lait de coco**, le **safran** et le **gingembre** râpé. Salez, poivrez. Versez le mélange sur la **pâte**.
- Répartissez les **crevettes** et enfournez 30 min.

QUICHE SAUMON, OSEILLE, PARMESAN

Pâte feuilletée
x 1

Pavé de saumon
300 g (sans peau, ni arêtes)

Oseille
1 botte

Œufs
x 3

Parmesan
2 cuil. à soupe

Crème liquide
20 cl

: 4 à 6

Préparation : 10 min
Cuisson : 30 min

- Préchauffez le four à 180°C.
- Effeuillez, lavez et découpez l'**oseille** aux ciseaux.
- Déroulez la **pâte feuilletée** avec le papier cuisson dans un moule à tarte. Fouettez les **œufs** avec la **crème**, le **parmesan** et l'**oseille**. Versez le mélange sur la **pâte**. Répartissez le **saumon** découpé en morceaux et enfournez 30 min.

QUICHE BRANDADE, OLIVE, PARMESAN

Pâte feuilletée
x 1

Tapenade
5 cuil. à café (80 g)

Brandade de morue
400 g

Œufs
x 3

Parmesan en copeaux
100 g

: 4 à 6

Préparation : 5 min
Cuisson : 30 min

- Préchauffez le four à 180°C.
- Déroulez la **pâte feuilletée** avec le papier cuisson dans un moule à tarte. Fouettez les **œufs** et mélangez-les avec la **tapenade**, la **brandade de morue** et le **parmesan**.
- Versez le mélange sur la **pâte** et enfournez 30 min.

QUICHE ASPERGES ET SAUMON FUMÉ

Pâte brisée
x 1

Saumon fumé
4 tranches (200 g)

Ricotta
250 g

Œufs
x 3

Asperges vertes
x 9 (1 botte)

: 4 à 6

Préparation : 10 min
Cuisson : 30 min

- Préchauffez le four à 180 °C.
- Équeutez et émincez les **asperges**.
- Déroulez la **pâte brisée** avec le papier cuisson dans un moule à tarte. Fouettez les **œufs** avec la **ricotta**, les **asperges** émincées et le **saumon fumé** coupé aux ciseaux.
- Versez le mélange sur la **pâte** et enfournez 30 min.

QUICHE AUX FRUITS DE MER

Pâte brisée
x 1

Ketchup
2 cuil. à soupe

Fromage râpé
150 g

Œufs
x 3

Crème liquide
20 cl

Mélange de fruits de mer
500 g (surgelés)

: 4 à 6

Préparation : 10 min
Cuisson : 30 min

- Préchauffez le four à 180°C.
- Déroulez la **pâte brisée** avec le papier cuisson dans un moule à tarte.
- Répartissez les **fruits de mer** sur la **pâte**. Versez les **œufs** battus avec la **crème**, le **fromage râpé** et le **ketchup**.
- Enfournez 30 min.

QUICHE SAUMON, ÉPINARDS, CURRY

Pâte brisée
x 1

Pavé de saumon
300 g (sans peau, ni arêtes)

Œufs
x 3

Curry
2 cuil. à soupe

Pousses d'épinards
100 g

Lait de coco
20 cl

Sel, poivre

: 4 à 6

Préparation : 10 min
Cuisson : 30 min

• Préchauffez le four à 180°C.

• Découpez le **saumon** en morceaux. Déroulez la **pâte brisée** avec le papier cuisson dans un moule à tarte. Fouettez les **œufs** avec le **lait de coco** et le **curry**. Ajoutez les morceaux de **saumon** et les **pousses d'épinards** découpées aux ciseaux. Salez, poivrez et mélangez. Versez le mélange sur la **pâte** et enfournez 30 min.

QUICHE LORRAINE CLASSIQUE

Pâte brisée
x 1

Lardons
250 g

Œufs
x 4

Noix muscade
2 pincées

Crème liquide
40 cl

Sel, poivre

: 4 à 6

Préparation : 5 min
Cuisson : 30 min

- Préchauffez le four à 180°C.
- Déroulez la **pâte brisée** avec le papier cuisson dans un moule à tarte.
- Fouettez les **œufs** avec la **crème**. Ajoutez la **muscade**, salez, poivrez et versez le mélange sur la **pâte**.
- Ajoutez les **lardons** et enfournez 30 min.

QUICHE-RACLETTE AUX 2 JAMBONS

Pâte brisée
x 1

Jambon cru
5 tranches

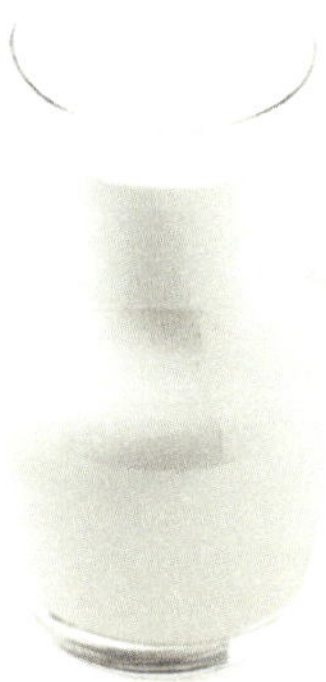

Crème liquide
20 cl

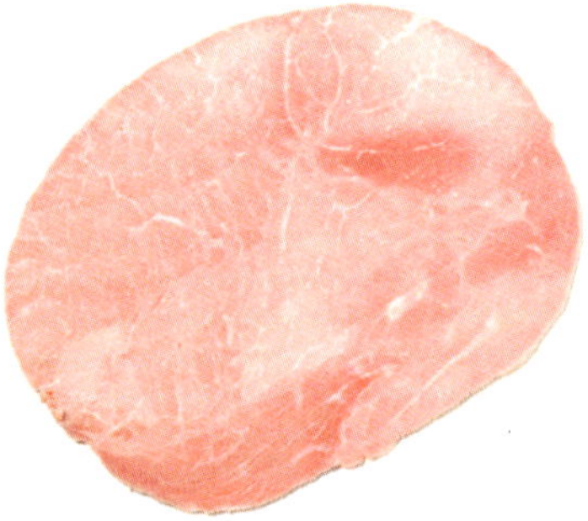

Jambon blanc
2 tranches

Fromage à raclette
250 g (en tranches)

Œufs
x 3

: 4 à 6

Préparation : 5 min
Cuisson : 30 min

- Préchauffez le four à 180°C.
- Déroulez la **pâte brisée** avec le papier cuisson dans un moule à tarte. Fouettez les **œufs** avec la **crème** et les **jambons** découpés en morceaux. Versez le mélange sur la **pâte**.
- Répartissez les tranches de **raclette** et enfournez 30 min.

QUICHE TARTIFLETTE

Pâte brisée
x 1

Lardons
100 g

Pommes de terre
x 4 (400 g)

Œufs
x 3

Reblochon
x ½

Crème liquide
20 cl

Poivre

: 4 à 6

Préparation : 5 min
Cuisson : 45 min

- Préchauffez le four à 180°C.
- Épluchez et découpez les **pommes de terre** en fines lamelles.
- Déroulez la **pâte brisée** avec le papier cuisson dans un moule à tarte. Répartissez les **pommes de terre** et les **lardons**. Versez les **œufs** battus avec la **crème**, poivrez. Ajoutez le **reblochon** découpé en morceaux et enfournez 45 min.

QUICHE MORBIER, COMTÉ, BRESAOLA

Pâte brisée
x 1

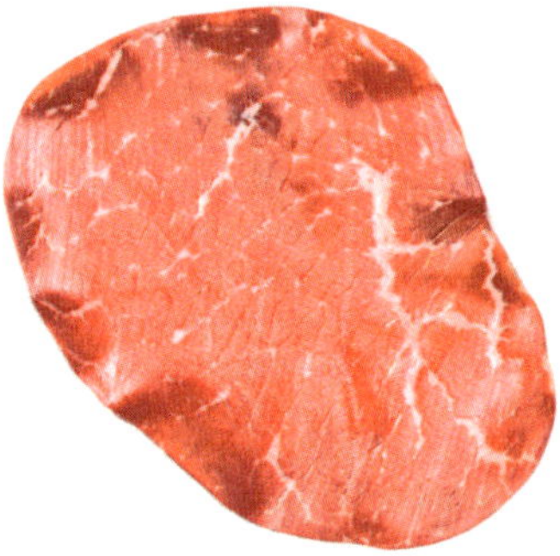

Bresaola
~12 tranches (70 g)

Œufs
x 3

Morbier
180 g

Crème liquide
20 cl

Comté râpé
150 g

: 4 à 6

Préparation : 10 min
Cuisson : 30 min

- Préchauffez le four à 180°C.
- Déroulez la **pâte brisée** avec le papier cuisson dans un moule à tarte. Fouettez les **œufs** avec la **crème** et le **comté râpé**. Versez le mélange sur la **pâte**. Répartissez le **morbier** et la **bresaola** découpés en morceaux puis enfournez 30 min.

QUICHE FRANCOMTOISE

Pâte brisée
x 1

Morteau
x 1

Comté râpé
150 g

Moutarde en grains
2 cuil. à soupe

Crème liquide
20 cl

Œufs
x 3

: 4 à 6

Préparation : 10 min
Cuisson : 40 min

- Préchauffez le four à 180°C.
- Découpez la **morteau** en morceaux. Déroulez la **pâte brisée** avec le papier cuisson dans un moule à tarte. Répartissez les morceaux de saucisse sur la **pâte**.
- Versez les **œufs** battus avec la **crème**, la **moutarde** et le **comté** puis enfournez 40 min.

QUICHE POIREAU, REBLOCHON, LARDONS

Pâte brisée
x 1

Poireau
x 1 (250 g sans le vert)

Reblochon
x ½

Œufs
x 3

Crème liquide
20 cl

Lardons
200 g

: 4 à 6

Préparation : 10 min
Cuisson : 45 min

• Préchauffez le four à 180°C.
• Émincez finement le blanc de **poireau**.
• Déroulez la **pâte brisée** avec le papier cuisson dans un moule à tarte. Fouettez les **œufs** avec la **crème**, les **lardons** et le **poireau** émincé.
• Versez le mélange sur la **pâte**. Répartissez le **reblochon** en morceaux et enfournez 45 min.

QUICHE ROQUEFORT, MAGRET, FIGUES

Pâte brisée
x 1

Figues
x 4

Roquefort
150 g

Magret fumé
12 tranches

Œufs
x 3

Crème liquide
20 cl

: 4 à 6

Préparation : 10 min
Cuisson : 35 min

- Préchauffez le four à 180°C.
- Déroulez la **pâte brisée** avec le papier cuisson dans un moule à tarte. Fouettez les **œufs** avec la **crème** et le **roquefort** écrasé.
- Versez le mélange sur la **pâte**, répartissez les **figues** découpées en rondelles puis enfournez 35 min.

QUICHE CHEDDAR-JAMBON

Pâte feuilletée
x 1

Jambon cru
6 tranches

Cheddar râpé
140 g

Œufs
x 3

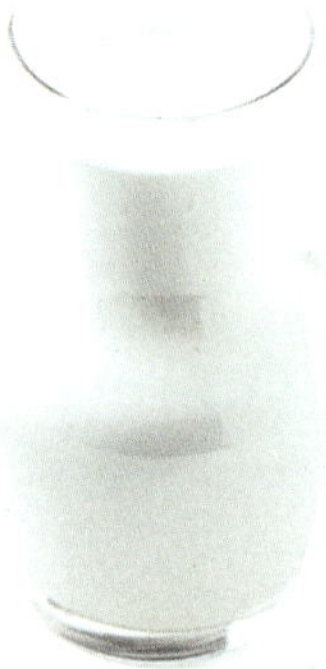

Crème liquide
20 cl

: 4 à 6

Préparation : 5 min
Cuisson : 30 min

- Préchauffez le four à 180°C.
- Déroulez la **pâte feuilletée** avec le papier cuisson dans un moule à tarte. Fouettez les **œufs** avec la **crème** et le **cheddar**.
- Versez le mélange sur la **pâte**, ajoutez le **jambon cru** découpé en morceaux puis enfournez 30 min.

QUICHE ROQUETTE ET COPPA

Pâte feuilletée
x 1

Coppa
8 tranches

Fromage râpé
150 g

Roquette
100 g

Crème liquide
20 cl

Œufs
x 3

: 4 à 6

Préparation : 10 min
Cuisson : 30 min

- Préchauffez le four à 180°C.
- Déroulez la **pâte feuilletée** avec le papier cuisson dans un moule à tarte. Fouettez les **œufs** avec la **crème**, le **fromage râpé** et la **roquette** coupée aux ciseaux.
- Versez le mélange sur la **pâte**, ajoutez la **coppa** découpée en morceaux puis enfournez 30 min.

QUICHE BŒUF, FOURME, CHEDDAR

Pâte feuilletée
x 1

Fourme d'Ambert
200 g

Bœuf haché
200 g

Œufs
x 3

Cheddar râpé
140 g

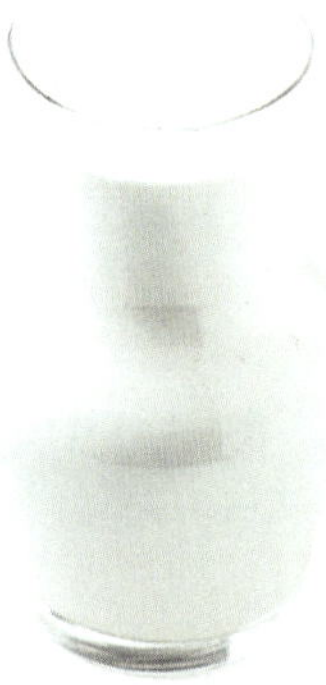

Crème liquide
20 cl

: 4 à 6

Préparation : 10 min
Cuisson : 35 min

- Préchauffez le four à 180°C.
- Déroulez la **pâte feuilletée** avec le papier cuisson dans un moule à tarte. Répartissez le **bœuf haché** et la **fourme d'Ambert** coupée en tranches sur la **pâte**.
- Versez les **œufs** battus avec la **crème** et le **cheddar râpé** puis enfournez 35 min.

QUICHE REBLOCHON, FIGUES, JAMBON CRU

Pâte brisée
x 1

Figues
x 5

Reblochon
x ½

Jambon cru
5 tranches

Crème liquide
20 cl

Œufs
x 3

: 4 à 6

Préparation : 10 min
Cuisson : 30 min

• Préchauffez le four à 180°C.

• Découpez les **figues** en 4 et le **reblochon** en cubes. Déroulez la **pâte brisée** avec le papier cuisson dans un moule à tarte. Répartissez les morceaux de **figues** et les cubes de **reblochon** sur la **pâte**. Versez les **œufs** battus avec la **crème** et le **jambon** coupé aux ciseaux puis enfournez 30 min.

QUICHE POULET, CURRY, COCO, CORIANDRE

Pâte brisée
x 1

Œufs
x 3

Lait de coco
20 cl

Curry
2 cuil. à soupe

Coriandre
1 botte

Blancs de poulet
x 2

: 4 à 6

Préparation : 10 min
Cuisson : 40 min

- Préchauffez le four à 180°C.
- Déroulez la **pâte brisée** avec le papier cuisson dans un moule à tarte. Répartissez le **poulet** découpé en morceaux. Versez les **œufs** battus avec le **lait de coco**, le **curry** et la **coriandre** coupée aux ciseaux puis enfournez 40 min.

QUICHE TATIN AU JAMBON CRU

Pâte brisée
x 1

Jambon cru
10 tranches (fines)

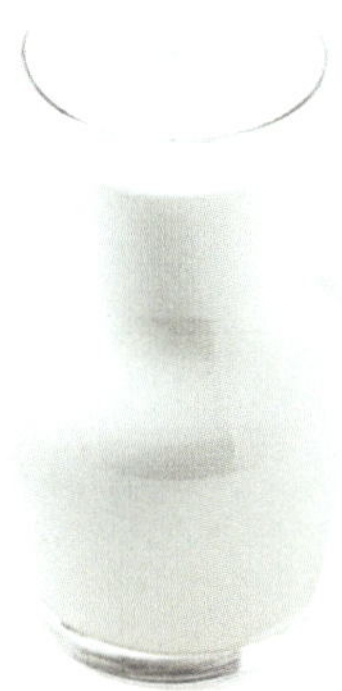

Crème liquide
20 cl

Œufs
x 4

Fromage râpé
200 g

: 4 à 6

Préparation : 10 min
Cuisson : 35 min

- Préchauffez le four à 180°C.
- Tapissez le fond et les bords d'un plat à tarte avec les tranches de **jambon**. Versez les **œufs** battus avec la **crème** et le **fromage râpé**.
- Recouvrez avec la **pâte brisée** en rentrant délicatement les bords jusqu'au **jambon**.
- Enfournez 35 min. Démoulez la quiche encore chaude en la retournant sur un plat.

QUICHE CAROTTES, GOUDA, COPPA

Pâte brisée
x 1

Coppa
12 tranches (80 g)

Gouda au cumin
250 g

Carottes râpées
200 g

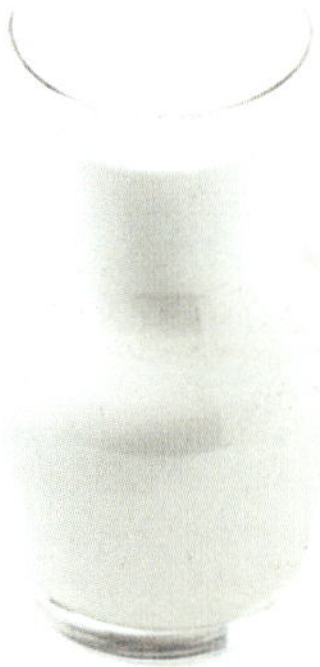

Crème liquide
20 cl

Œufs
x 3

: 4 à 6

Préparation : 10 min
Cuisson : 30 min

• Préchauffez le four à 180°C.
• Découpez le **gouda** en morceaux. Déroulez la **pâte brisée** avec le papier cuisson dans un moule à tarte. Répartissez les morceaux de **gouda** et les **carottes râpées** sur la **pâte**.
• Versez les **œufs** battus avec la **crème** et la **coppa** coupée aux ciseaux puis enfournez 30 min.

QUICHE MERGUEZ, AVOCAT, CHEDDAR

Pâte brisée
x 1

Merguez
x 3

Avocats
x 2

Cheddar râpé
150 g

Crème liquide
20 cl

Œufs
x 3

: 4 à 6

Préparation : 10 min
Cuisson : 35 min

- Préchauffez le four à 180°C.
- Épluchez et découpez les **avocats** en cubes.
- Déroulez la **pâte brisée** avec le papier cuisson dans un moule à tarte. Fouettez les **œufs** avec la **crème**, le **cheddar** et les cubes d'**avocat**. Versez le mélange sur la **pâte**.
- Répartissez les **merguez** en morceaux et enfournez 35 min.

QUICHE ÉPINARDS, CHÈVRE, LARDONS

Pâte brisée
x 1

Lardons
100 g

Crème liquide
20 cl

Pousses d'épinards
100 g

Crottins de Chavignol
x 3

Œufs
x 3

: 4 à 6

Préparation : 10 min
Cuisson : 30 min

- Préchauffez le four à 180°C.
- Déroulez la **pâte brisée** avec le papier cuisson dans un moule à tarte. Fouettez les **œufs** avec la **crème**, les **lardons** et les **pousses d'épinards** coupées aux ciseaux.
- Versez le mélange sur la **pâte**, répartissez les **crottins** coupés en morceaux et enfournez 30 min.

QUICHE CHORIZO, ARTICHAUTS, POIVRON

Pâte brisée
x 1

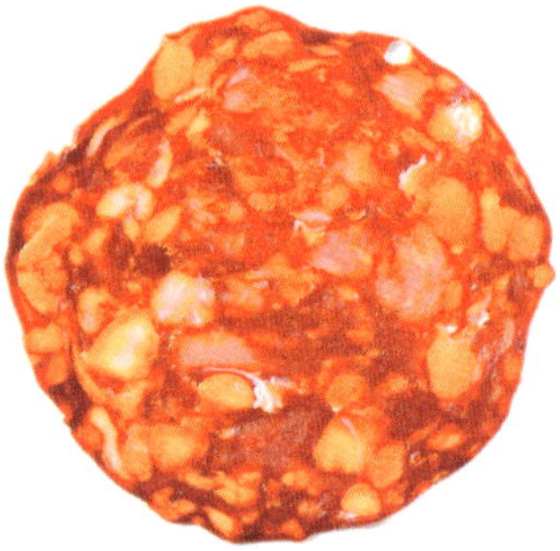

Chorizo
12 tranches

Cœurs d'artichauts
x 9 (1 boîte de 240 g)

Gaspacho
20 cl

Œufs
x 4

Sel, poivre

: 4 à 6

Préparation : 10 min
Cuisson : 30 min

- Préchauffez le four à 180°C.
- Déroulez la **pâte brisée** avec le papier cuisson dans un moule à tarte. Versez les **œufs** battus avec le **gaspacho**. Répartissez les **cœurs d'artichauts** et les tranches de **chorizo** coupés en 2.
- Salez, poivrez et enfournez 30 min.

QUICHE-CAKE JAMBON-FROMAGE

Œufs
x 3

Farine
150 g

Levure chimique
1 sachet

Fromage râpé
150 g

Jambon blanc
4 tranches

8 cl d'huile neutre

: 4 à 6

Préparation : 10 min
Cuisson : 30 min

- Préchauffez le four à 180°C.
- Fouettez les **œufs**, ajoutez la **farine**, la **levure** et 8 cl d'**huile**.
- Ajoutez dans la pâte le **fromage râpé** et les tranches de **jambon** découpées aux ciseaux.
- Mélangez et versez dans un moule à tarte antiadhésif puis enfournez 30 min.

CAKE ASPERGES-PARMESAN

Œufs
x 3

Farine
150 g

Levure chimique
1 sachet

Parmesan en copeaux
100 g

Asperges vertes
x 9 (1 botte)

8 cl d'huile neutre

: 6

Préparation : 10 min
Cuisson : 30 min

- Préchauffez le four à 180°C.
- Équeutez et découpez les **asperges** en morceaux en réservant quelques pointes.
- Fouettez les **œufs**, ajoutez la **farine**, la **levure** et 8 cl d'**huile**. Ajoutez dans la pâte le **parmesan** et les **asperges**. Mélangez, versez dans un moule à cake antiadhésif, disposez les pointes d'**asperges** sur le dessus puis enfournez 30 min.

CAKE À LA POMME DE TERRE

Œufs
x 3

Farine
150 g

Levure chimique
1 sachet

Comté râpé
150 g

Pommes de terre
x 4 (400 g)

Sel, poivre

8 cl d'huile neutre

: 6

Préparation : 15 min
Cuisson : 45 min

- Préchauffez le four à 180 °C.
- Fouettez les **œufs**, ajoutez la **farine**, la **levure** et 8 cl d'**huile**.
- Épluchez et râpez les **pommes de terre**, ajoutez-les dans la pâte avec le **comté**, salez et poivrez.
- Versez le mélange dans un moule à cake antiadhésif et enfournez 45 min.

CAKE POIVRON-TOMME DE BREBIS

Œufs
x 3

Farine
150 g

Levure chimique
1 sachet

Cheddar râpé
140 g

Poivron rouge
x 1

Tomme de brebis
150 g

8 cl d'huile neutre

: 6

Préparation : 10 min
Cuisson : 30 min

- Préchauffez le four à 180°C.
- Émincez le **poivron rouge**. Fouettez les **œufs**, ajoutez la **farine**, la **levure** et 8 cl d'**huile neutre**.
- Ajoutez dans la pâte, le **cheddar**, la **tomme** coupée en cubes et le **poivron** émincé. Mélangez, versez dans un moule à cake antiadhésif puis enfournez 30 min.

CAKE AIL ET FINES HERBES

Œufs
x 3

Farine
150 g

Levure chimique
1 sachet

Fromage frais
300 g (ail et fines herbes)

Ciboulette
2 bottes

Fromage râpé
150 g

5 cl d'huile neutre

: 6

Préparation : 10 min
Cuisson : 30 min

- Préchauffez le four à 180°C.
- Fouettez les **œufs**, ajoutez la **farine**, la **levure** et 5 cl d'**huile**.
- Ajoutez dans la pâte le **fromage râpé**, le **fromage ail et fines herbes** et la **ciboulette** découpée aux ciseaux.
- Mélangez, versez dans un moule à cake antiadhésif puis enfournez 30 min.

CAKE CAROTTES ET GOUDA AU CUMIN

Œufs
x 3

Farine
150 g

Levure chimique
1 sachet

Gouda au cumin
200 g

Fromage râpé
150 g

Carottes râpées
150 g

8 cl d'huile neutre

: 6

Préparation : 10 min
Cuisson : 30 min

- Préchauffez le four à 180°C.
- Fouettez les **œufs**, ajoutez la **farine**, la **levure** et 8 cl d'**huile**.
- Ajoutez dans la pâte le **fromage râpé**, le **gouda au cumin** coupé en cubes et les **carottes râpées**. Mélangez, versez dans un moule à cake antiadhésif puis enfournez 30 min.

CAKE PARMESAN-CHORIZO

Œufs
x 3

Farine
150 g

Levure chimique
1 sachet

Parmesan en copeaux
100 g

Chorizo
x 1 (225 g)

8 cl d'huile neutre

: 6

Préparation : 10 min
Cuisson : 30 min

- Préchauffez le four à 180°C.
- Fouettez les **œufs**, ajoutez la **farine**, la **levure** et 8 cl d'**huile**.
- Ajoutez dans la pâte le **parmesan** et le **chorizo** découpé en petits morceaux. Mélangez, versez dans un moule à cake antiadhésif puis enfournez 30 min.

CAKE MORBIER, COMTÉ, JAMBON CRU

Œufs
x 3

Farine
150 g

Levure chimique
1 sachet

Morbier
200 g

Comté râpé
150 g

Jambon cru
8 tranches

5 cl d'huile neutre

: 6

Préparation : 10 min
Cuisson : 30 min

- Préchauffez le four à 180 °C.
- Découpez le **jambon cru** en petits morceaux.
- Fouettez les **œufs**, ajoutez la **farine**, la **levure** et 5 cl d'**huile**. Ajoutez dans la pâte le **comté**, le **morbier** coupé en cubes et les morceaux de **jambon cru**. Mélangez, versez dans un moule à cake antiadhésif puis enfournez 30 min.

CAKE BŒUF-MOUTARDE

Œufs
x 3

Farine
150 g

Levure chimique
1 sachet

Moutarde forte
3 cuil. à soupe

Carpaccio
200 g

Comté râpé
150 g

8 cl d'huile neutre

: 6

Préparation : 10 min
Cuisson : 30 min

- Préchauffez le four à 180°C.
- Fouettez les **œufs**, ajoutez la **farine**, la **levure** et 8 cl d'**huile**.
- Ajoutez dans la pâte la **moutarde**, le **comté** et le **carpaccio** découpé aux ciseaux.
- Mélangez, versez dans un moule à cake antiadhésif puis enfournez 30 min.

CAKE AU BOUDIN ET AUX POMMES

Œufs
x 3

Farine
150 g

Levure chimique
1 sachet

Boudin noir
250 g

Pomme
x 1

5 cl d'huile neutre

: 6

Préparation : 10 min
Cuisson : 30 min

- Préchauffez le four à 180 °C.
- Fouettez les **œufs**, ajoutez la **farine**, la **levure** et 5 cl d'**huile**.
- Retirez la peau du **boudin noir** et découpez-le en morceaux. Épluchez et râpez la **pomme**.
- Ajoutez dans la pâte les morceaux de **boudin** et la **pomme** râpée. Mélangez, versez dans un moule à cake antiadhésif puis enfournez 30 min.

CAKE AUX RILLETTES ET À LA POIRE

Œufs
x 3

Farine
150 g

Levure chimique
1 sachet

Rillettes de porc
220 g (à température)

Poire
x 1

: 6

Préparation : 10 min
Cuisson : 30 min

- Préchauffez le four à 180°C.
- Fouettez les **œufs**, ajoutez la **farine** et la **levure**.
- Épluchez et découpez la **poire** en petits morceaux. Ajoutez dans la pâte les **rillettes** et les morceaux de **poire**. Mélangez, versez dans un moule à cake antiadhésif puis enfournez 30 min.

CAKE CHEDDAR-LARDONS

Œufs
x 3

Farine
150 g

Levure chimique
1 sachet

Cheddar râpé
150 g

Lardons
200 g

8 cl d'huile neutre

: 6

Préparation : 10 min
Cuisson : 30 min

- Préchauffez le four à 180°C.
- Fouettez les **œufs**, ajoutez la **farine**, la **levure** et 8 cl d'**huile**.
- Ajoutez dans la pâte les **lardons** et le **cheddar**. Mélangez, versez dans un moule à cake antiadhésif puis enfournez 30 min.

CAKE SAUMON FUMÉ ET ORANGE

Œufs
x 3

Farine
150 g

Levure chimique
1 sachet

Orange
x 1

Saumon fumé
6 tranches

Cheddar râpé
150 g

8 cl d'huile neutre

: 6

Préparation : 10 min
Cuisson : 30 min

- Préchauffez le four à 180°C.
- Fouettez les **œufs**, ajoutez la **farine**, la **levure** et 8 cl d'**huile**.
- Ajoutez dans la pâte le **cheddar**, le jus et le zeste de l'**orange** et les tranches de **saumon fumé** découpées aux ciseaux. Mélangez, versez dans un moule à cake antiadhésif puis enfournez 30 min.

CAKE AU THON ET CURRY

Œufs
x 3

Farine
150 g

Levure chimique
1 sachet

Thon à l'huile d'olive
3 boîtes (240 g au total)

Curry
2 cuil. à soupe

: 6

Préparation : 10 min
Cuisson : 30 min

- Préchauffez le four à 180 °C.
- Fouettez les **œufs**, ajoutez la **farine** et la **levure**.
- Ajoutez dans la pâte le **thon** avec son **huile** et le **curry**. Mélangez, versez dans un moule à cake antiadhésif puis enfournez 30 min.

PRÉPARER LA PÂTE BRISÉE

Farine
250 g

Jaune d'œuf
x 1

Beurre
125 g

1 pincée de sel
Pour 1 pâton
Préparation : 15 min
Repos : 30 min

- Faites fondre le **sel** dans 5 cl d'eau tiède.
- Creusez un puits dans la **farine** tamisée, ajoutez le **beurre** en morceaux et mélangez du bout des doigts.
- Refaites un puits, ajoutez l'eau salée et le **jaune d'œuf**, malaxez la pâte en l'écrasant avec la paume de la main.
- Enveloppez-la dans un film et laissez reposer au frais 30 min.

ÉTALER LA PÂTE BRISÉE

- Sortez la pâte du réfrigérateur 15 min avant de l'étaler.
- Placez une feuille de papier cuisson sur le plan de travail, farinez-la légèrement puis étalez la pâte directement dessus.
- Étalez-la sur 3 mm d'épaisseur en partant du centre de la pâte pour aller vers les extrémités en prévoyant 4 cm de débord.
- Glissez la pâte dans le moule à tarte en laissant le papier cuisson dessous. Tassez bien au fond du moule et rabattez les bords. Remettez-la au frais pendant la préparation de la garniture.
- Comptez 10 min de cuisson de plus qu'avec une pâte du commerce.

INDEX DES RECETTES PAR INGRÉDIENT

58, rue Jean Bleuzen – 92178 Vanves Cedex

Pour l'éditeur, le principe est d'utiliser des papiers composés de fibres naturelles, renouvelables, recyclables et fabriqués à partir de bois issus de forêts qui adoptent un système d'aménagement durable. En outre, l'éditeur attend de ses fournisseurs de papier qu'ils s'inscrivent dans une démarche de certification environnementale reconnue.

Direction : Catherine Saunier-Talec
Responsable artistique : Nicolas Beaujouan
Responsable éditoriale : Céline Le Lamer
Conception graphique et mise en pages : Marie-Paule Jaulme
Photogravure : Nord Compo
Fabrication : Amélie Latsch
Responsable partenariats : Sophie Morier (smorier@hachette-livre.fr)

Dépôt légal : février 2019
7612421
ISBN : 9782017084501
Imprimé en Espagne par Estella.
www.hachette-pratique.com

PAPIER À BASE DE FIBRES CERTIFIÉES
1,1 kg q. CO_2
Rendez-vous sur www.hachette-durable.fr